AF257529

COMMISSION INTERDÉPARTEMENTALE

Contribution

aux Études

sur la

Sécurité

par

Mario VIVAREZ,

Membre du Conseil municipal d'Alger,

CONSEILLER GÉNÉRAL.

L'action d'une nation sur un autre peuple, par la conquête
ou autrement, n'est efficace, durable et pacifique qu'autant
qu'elle est conforme aux tendances du peuple considéré.

Adam FERGUSSON.

ALGER

IMPRIMERIE L. REMORDET & Cº, RUE DE LA CASBAH, 4

1893

COMMISSION INTERDÉPARTEMENTALE

Contribution

aux Études

sur la

Sécurité

par

Mario VIVAREZ,
Membre du Conseil municipal d'Alger,
Conseiller Général.

L'action d'une nation sur un autre peuple, par la conquête
ou autrement, n'est efficace, durable et pacifique qu'autant
qu'elle est conforme aux tendances du peuple considéré.
Adam Fergusson.

ALGER
IMPRIMERIE L. REMORDET & Cᵒ, RUE DE LA CASBAH, 4
1893

COMPENDIUM

———✳———

CONTRIBUTION

AUX

ÉTUDES SUR LA SÉCURITÉ

PAR

Mario VIVAREZ

> L'action d'une nation sur un autre peuple,
> par la conquête ou autrement, n'est efficace,
> durable et pacifique qu'autant qu'elle est
> conforme aux tendances du peuple considéré.
>
> Adam FERGUSSON.

Quand il s'agit de vaincre une résistance, quel que soit l'ordre auquel elle appartient, la méthode prescrit, après constatation du fait, l'étude algorithmique de la force qu'on se propose de neutraliser. Les éléments primitifs de cette force résident dans la cohésion, la forme ou étendue, la direction et la distance de l'Objet considéré, c'est-à-dire dans sa nature et son intensité.

Appliquons cette loi générale à la question de SURETÉ si justement portée à l'ordre du jour et voyons comment nous pourrons déterminer cette RÉSISTANCE à nos lois de la masse indigène. Après avoir exactement défini les causes de l'INSÉCURITÉ, il deviendra désormais facile de trouver les moyens propres à la supprimer.

Il importe, en effet, d'avoir démêlé la nature et l'origine d'un mal avant de choisir et d'appliquer le remède, de connaître les maladies qui affaiblissent pour étudier rationnellement le régime qui les peut guérir.

La résistance dont il est question et qui se traduit par des délits ressortissant aussi bien des lois dites positives, que des lois naturelles, c'est-à-dire, non seulement par la violation de ce que le législateur a prohibé, mais encore de tout ce qui doit être interdit, en raison du mal qui en résulte ou qui peut en découler — cette résistance est un fait incontestable, et que l'expérience de chaque jour démontre évident ; l'analyse du sujet démontrera qu'il est immanent.

Toutefois, il faut examiner, en premier lieu, si nous sommes en présence d'une exception, d'une pluralité ou d'une généralité.

On admettra facilement que les criminels ne constituent pas une exception dans le monde indigène qui nous environne : une simple inspection du rôle des assises, démontre clairement cette proposition.

Si l'on envisage seulement les délits constatés, il est déjà impossible de nier combien est grande la proportion des inculpés indigènes ; mais, si l'on en vient à considérer la Résistance dans son acception absolue, complète, occulte, on est bien amené à convenir que la généralité des vaincus de l'Afrique du Nord, n'a pas plus accepté notre domination, que les bases de la civilisation moderne et la conception de nos lois.

Bien plus, cette Résistance aux idées nouvelles semble présenter un caractère d'universalité et de continuité qui permet de lui affecter la caractéristique d'IMMANENCE. Et comment en serait-il autrement, alors que l'esprit sémite, surtout représenté de nos jours par l'Islam, et, d'autre part, l'esprit européen, se trouvent en présence l'un de l'autre, comme deux êtres d'une espèce différente, n'ayant rien de commun dans la manière de penser et de sentir ; alors que la base de la société musulmane, reposant sur l'identification complète des pouvoirs spirituel et temporel, sur la fusion intime des idées de sacerdoce et de pouvoir, de culte et de morale, de religion et de patrie, l'Islam devient, par cela même, l'antipode de l'esprit indo-européen qui pose en principe simultané : l'Etat et l'indépendance de l'individu. Aussi, en quelque lieu que l'Islamisme arrive au contact de l'élément chrétien, c'est la guerre sans trêve qui se déclare, et qui paraît devoir durer jusqu'au jour où le dernier fils d'Ismaël aura été relégué, par la terreur, au sein des sables brûlants, ou sera mort de misère au milieu des champs féconds.

En ce qui concerne l'Algérie, l'histoire des insurrections démontre que les indigènes n'attendent que le moment opportun pour se lever de l'Est à l'Ouest, du Sud jusqu'au Nord.

Depuis le commencement de l'occupation de l'Afrique par les Romains, il en a toujours été ainsi. Le vainqueur s'est constamment trouvé en présence de violentes poussées autocthones, dans lesquelles les populations de la montagne, toujours prêtes à guerroyer, se montrent au premier rang.

Une organisation, naguère rudimentaire, nous a seule préservés d'un mouvement d'ensemble désiré par tous les cœurs ; la crainte d'être battues, par le fait de leur isolement, retient en effet quelque peu les agglomérations éparses, et qu'aucun plan de concentration ne reliait entre elles jusqu'à ce jour.

Si cette résistance s'étend jusqu'aux confins du territoire, et au-delà, chez tous les Etats musulmans, si dans sa forme elle est étendue, à la fois pénétrante et enveloppante, la puissance de cette force se trouve singulièrement diminuée par son manque de cohésion.

C'est grâce à cet élément d'infériorité chez leurs adversaires, que les Français aux diverses époques de leur histoire, purent les refouler et conquérir en entier le sol de la patrie envahie ; c'est en raison de cette insuffisance d'adhérence entre leurs diverses fractions, que les indigènes ont constamment été vaincus jusqu'à ce jour, sans cependant avoir jamais été complètement anéantis : leur cadavre a toujours ressuscité. Il ne faudrait donc pas se reposer en toute confiance sur cet argument d'impuissance.

Les meneurs de jeu de l'épopée mahométane n'ignorent plus à cette heure l'importance des procédés modernes, et si la concentration qu'ils poursuivent au nom de la foi d'Islam, ne progresse que d'une façon en apparence insensible, c'est que personne ne peut leur ravir le temps, et qu'ils ont toujours gravée dans leur pensée cette sourate fondamentale : « *tout homme a son oiseau attaché à son cou.* »

Aussi bien ce manque de cohésion résulte, non pas de faiblesse d'affinité, mais plutôt de causes d'ordre dynamique : distances, difficultés topographiques et climatologiques, conditions du milieu, habitudes nomades de la masse, puis, plânant sur le tout, comme une atmosphère déprimante, le fameux « Kima yechaou (comme il veut) » du Qoran.

Or les obstacles matériels se lèvent chaque jour ; et, quant au fatalisme, il trouve en lui-même son remède dans l'aveugle soumission des « croyants » aux voix du Muezzin proclamant la guerre sainte.

L'intensité de la résistance que nous constatons est donc des plus sérieuses, puisqu'elle est basée sur l'importance de l'étendue et la progression de la cohésion.

Sa direction et son point d'application constituent sa nature, c'est-à-dire son système d'être et de procéder.

Elle se manifeste selon deux plans d'action : à l'endroit des indigènes ; — vis-à-vis des européens. Mais, dans l'une comme dans l'autre circonstance, les délits qui en résultent peuvent se rapporter à deux ordres différents : causes statiques, — causes dynamiques, en classant dans le premier cas, l'effet des influences agissant sur l'être passif, et dans le second, l'action des forces agissant sur les facultés actives de l'homme.

Dans l'ordre statique, il faut ranger :

a — les effets de l'atavisme ;

b — les effets du milieu auxquels se lie indissolublement la question de race ;

Dans l'ordre dynamique, nous comprenons :

a — les effets de l'éducation ;

b — les effets des institutions gouvernementales ;

c — les effets de la religion ;

d — les effets de nationalité.

Atavisme

La force atavique occasionne des délits affectant également les deux classes en présence : indigènes et européens.

Dans le cas considéré, on a presque exclusivement affaire à des délits privés contre la personne, contre la propriété, contre la personne et la propriété, contre la condition, et, comme délinquants, à des malfaiteurs vulgaires, à des primitifs non dégagés de l'esprit bestial, à des mentalités inférieures chez lesquelles l'atavisme a frappé la tache originelle des états antérieurs de l'humanité.

Monstruosités poussées sur un rameau imparfaitement sélectionné, les rejetons à venir, conformément aux probabilités de l'hérédité, seront vraisemblablement dotés de la sève en retour et feront souche d'une nouvelle pépinière de méchants.

A l'esprit de ceux-là, les délits que nous réprouvons ne sembleront rien autre qu'un acte normal des phases de la vie, l'exercice inconscient du droit de la force. L'infanticide assurément ne leur apparaîtra pas autrement qu'une coutume ancienne sans que ce crime leur cause la moindre horreur. Sans doute, ils ignoreront la tradition de Romulus et de Rémus exposés dans la forêt ; peut-être ne sauront-ils pas que les grands ancêtres n'admettaient pas pour le nouveau-né le droit à l'existence, que la mère le déposait à terre et qu'il devait y rester jusqu'à ce que le maître le prît dans ses mains ou permît de le ramasser. Ils ne connaîtront ni ce qu'étaient les arrêts des Parques, ni ces jours néfastes dans lesquels l'enfant ne naissait que pour être mis à mort, non plus que les horoscopes funestes, ces lois qui décimaient les garçons, tierçaient les filles, exposaient au serpent pour établir la légitimité ou l'illégitimité. Ils ignoreront tout cela, mais, placidement, ils consommeront l'homicide, parce que, pour eux, idée incarnée des premières époques, l'enfant n'est qu'une glaise animée, leur chose entière, avec droit de vie et de mort par ce seul fait qu'elle a commis l'inconsciente faute de naître.

N'essayez pas non plus, à ces attardés des mœurs antiques, de faire comprendre le crime d'avortement, du malthusisme après la lettre, car la voix des premiers âges, où la nourriture manquait pour les bouches nouvelles, parle trop haut dans leur conscience, étouffant tout sentiment en face de la peur de la faim. Ce sont les exigences de la vie aventureuse, nomade, traqués, pourchassés qu'ils sont de défaites en défaites, qui leur crie : tue les inutiles, tue les faibles, tue les étrangers, car ce sont là les ennemis !

Il ne faudra pas s'étonner davantage de ces vols continus que les indigènes perpètrent entre eux. Les délits contre la propriété sont en effet, fatalement fréquents, là où l'Etat social n'est pas régulièrement organisé. La rivalité des subsistances produit au sein même des familles les rixes les plus cruelles, car l'être, sous la pression des besoins, descendu presque au rang de la bête féroce, poursuit sa pâture, uniquement soucieux de la faim, oublieux de tout autre sentiment. Puis, beaucoup veulent jouir qui ne veulent pas se donner la peine de produire ; le travail est trop pénible pour la paresse, trop lent pour l'impaience, la ruse et l'injustice conspirent pour s'en approprier les fruits ; l'insolence et l'audace les ravissent à force ouverte. Le défaut de prévoyance accule d'autre part, à la misère ceux qui ont insuffisamment produit, de telle sorte que le système de déprédation réciproque engendre l'état général d'insécurité. Effectivement il est des tribus qui ont embrassé nettement la profession de voleur ; leurs gens brigandent sur les chemins et détroussent en bonne conscience. Ils ne s'en cachent même pas. « Le pays nous appartenait, » disent-ils, « les conquérants » nous l'ont arraché ; on nous a relégués de pics en pics, de steppes en steppes ; » nous cultivons aujourd'hui un champ où nous ne serons plus demain ; bagne » pour bagne, mort pour mort, qu'importe ! Puis, quel est donc ce grand mal ? » Un bœuf, un cheval, une tête d'infidèle ? Nous aurons beau faire, nous ne » rentrerons jamais dans notre bien, ni ne rendrons le mal qu'on nous a fait. » Aussi bien, certains d'entre eux s'engagent même comme policiers, gendarmes, et accomplissent dès lors, convenablement leur devoir ; tandis que leurs parents braconnent, eux font le métier de garde-champêtre. Pourvu qu'ils gagnent leur vie, ils n'imaginent pas qu'il y ait tant de vertu à défendre, tant de crime à attaquer la propriété. Voleur, pillard, cavalier de bureau, homme de maghzen, peu leur chaut : il n'y a pas de sot métier, mais seulement de viles gens.

Du vol à l'assassinat, il n'y a qu'un pas, qu'un geste : le fait de la lutte et de la défense.

Nombreux sont les indigènes agissant sous ces diverses impulsions de la nature primitive. On sait les tribus où tels usages, tels métiers se pratiquent. On connaît leurs pythonisses, leurs sorcières et prêtresses qui opèrent jusque dans Alger, cherchant dans les entrailles des victimes ou la fumée de l'encens les secrets de l'avenir. Et l'on peut voir, étrangement confiants dans l'infaillibilité des aruspices d'un autre âge, les fidèles croyants prêts à tous les délits si la sybille a ordonné !

Effets du milieu

Les effets du milieu embrassent à la fois tout l'ordre des délits : privés, demi-publics, publics.

La fixité des milieux détermine la constance relative des types ;. mais leur immuabilité ne doit pas cependant être trop vite proclamée, car les conditions générales d'alimentation, de climat, d'habitudes, fonctions importantes de la fixité, loin d'être primordiales, sont, au contraire, contingentes, accidentelles et, par suite, facilement variables.

Quoi qu'il en soit, il est bien certain que le milieu joue un rôle important dans l'exaltation ou l'atrophie de la sensibilité des êtres, qui est comme le pendule régulateur des peines et des plaisirs, composantes de cette LOI SUPRÈME D'UTILITÉ dans laquelle se résorbe la raison initiale des délits et des hautes actions.

Tempérament, santé, robusticité sont autant d'éléments qui influent sur les inclinations, tendances, passions et viennent modifier cet état de sensibilité qui fera percevoir, d'une façon plus ou moins nette, la notion ou l'affaiblissement de l'idée du délit.

Ainsi, il paraît bien incontestable que dans les pays chauds, les hommes sont moins forts, moins robustes, la nécessité du travail leur apparaît peu rigoureuse, car ils peuvent s'entretenir avec une faible quantité d'aliments réparateurs ; ils sont plus portés aux plaisirs de l'amour par le fait d'une nourriture excitante et de cette loi inconsciente qui porte le plus à la reproduction les espèces moins fortes et d'une moins grande longévité. Leurs occupations habituelles annoncent plus d'indolence que d'activité ; ils ont nécessairement à leur naissance une organisation physique moins vigoureuse, une nature d'esprit qui influera dorénavant sur tous leurs actes physiques et moraux.

De ces causes découlent encore et marchant parallèlement les effets résultant de la prédominance du sexe qui, à son tour, engendrera d'autres éléments différentiels tirés de la polygynie ou de la polyandrie rendues dès lors nécessaires, et introduisant dans la série des délits contre la condition, des occasions et des déterminants nouveaux.

Race

Puis, brochant sur tout ce réseau où vient se heurter la personnalité individuelle dans sa lutte pour l'existence, émerge comme une verte oasis au sein des masses sablonneuses, la question de RACE venant influer sur le fonds naturel qui sert de base à tous les éléments issus de la condition du Milieu.

Les géomètres et les médecins qui se sont occupés d'ethnographie, ont exposé les éléments différenciant les races ariennes et sémites, et particulièrement essayé une comparaison des dimensions diverses des crânes. D'une expérience sans doute restreinte, on ne peut évidemment conclure à la généralité, toutefois, dans les conditions où l'on s'est placé, il résulterait que, pour les têtes comparées, on aurait trouvé une supériorité des têtes sémites sur les crânes indo-européens.

Pour la circonférence horizontale du crâne cette supériorité serait de 1/52ᵉ ;

Pour la courbure longitudinale : 1/18ᵉ ;

Pour la courbe transversale ; 1/15ᵉ ;

Pour la largeur du front : 1/39ᵉ ;

Pour le diamètre longitudinal : 1/14ᵉ ;

Pour le diamètre transversal : 1/10ᵉ ;

Quoi qu'il en soit de cette prédominance du massif crânien, de ce plus grand développement des enveloppes cérébrales, cela cependant ne prouve pas que leur cerveau soit plus dense, mieux rempli, qu'il y ait surabondance de matière grise et, par suite, nécessairement, supériorité intellectuelle.

Le fait pourrait résulter du simple effet de la coutume facilitant aux femmes le libre développement du bassin. Aussi bien le grand Broussais, au cours d'une étude magistrale, expose que la folie serait précisément due à une hypertrophie du cerveau, et, comme pour confirmer son hypothèse et les données anthropo-métriques, les statistiques arrivent pour démontrer qu'en particulier chez la race juive, les avantages hypothétiques du développement encéphalique sont compensés par un danger réel. Les documents officiels montrent, en effet, chez les Juifs, une remarquable tendance aux affections de l'intelligence ; l'aliénation mentale compterait chez ces sémites un nombre de victimes presque double que chez les autres européens. Ces différences anatomiques — qui ne sont pas les seules — déterminent incontestablement des aptitudes spéciales. C'est ainsi que les indigènes qui ne perçoivent pas comme nous les couleurs, du moins qui ne distinguent pas comme nous les nuances, sont, au contraire, beaucoup plus sensibles aux vibrations sonores. Moins frappés par les ondes horizontales, ils le sont davantage par les vibrations verticales ; il est vrai que bien loin les laissent en arrière — eux et nous — les Hottentots qui possèdent trente-deux expressions pour désigner la gamme chromatique des couleurs, et les Tartares qui aperçoivent à l'œil nu les satellites de Jupiter. Infériorité partielle, manque d'exercice, indifférence et inattention, voilà donc des aptitudes physiques spéciales qui correspondent chez des types donnés, à des degrés divers de sensibilité. Cette différence existe évidemment à bien plus haut degré quand il s'agit d'interpréter les signes sur l'échelle du bien et du mal, c'est-à-dire d'apprécier le bord maniable, la courbe dangereuse et délicate qui sépare le champ du bien de la zone des délits.

Quelle que soit la Race considérée, quelle que soit la limitation de son intelligence moyenne, celle-ci peut se transmettre saine et susceptible de développements. Tels, les sauvageons issus d'un rameau soigné pendant de longues générations, lentement développé et perfectionné, croissant dans la lande abandonnée, ne portent plus que des fruits atrophiés. Leurs racines seront cependant vigoureuses et leur sève pleine de fougue. Qu'il survienne un greffon ennobli porté par un jardinier habile ou quelque pollen fécond, et sur la tige sauvage fleuriront encore, mieux ensévés de vie, les calices épanouies d'une famille régénérée.

La fougue du sang nouveau ravivera, par son exubérance, la sénilité du sang ancien amolli par les abus du luxe, vicié par l'immoralité ; mais, de son côté, il absorbera, aux sources mystérieuses de la vie, les éléments restés prédominants par leur valeur absolue.

C'est bien à tort qu'on a souvent considéré les types comme s'ils étaient coulés dans un moule de bronze pour former une race immuablement fixée ; plus justement, on les considère comme formés d'une matière plastique, apte et docile au modelage sous l'action délicate et lente du temps et du progrès.

L'évolution qui a conduit la cellule jusqu'à L'HOMO SAPIENS est encore capable de phénomènes moins prodigieux, comme celui d'élever les peuples inférieurs, de fusionner les races semblant irréductibles. L'immensité des progrès accomplis est le gage des transformations possibles à venir.

En réalité, l'intelligence est partout semblable à elle-même ; ses états différents que nous constatons ne sont effectivement que le *moment* précis d'une de ses manifestations dans le cycle de ses développements successifs. Lentement, et selon le rythme insensible d'une asymptote sans fin, l'humanité gravite vers la perfection dont elle se rapproche sans cesse sans jamais la pouvoir rencontrer.

L'état d'avancemeut d'une race dans la civilisation n'a pas d'autre cause que l'accumulation indéfiniment ajoutée de tout ce qui réalise dans l'espèce humaine la LOI D'UTILITÉ, laquelle se résume dans la recherche, la poursuite, la réalisation du bonheur étendu jusqu'à tous. Chacun de ces efforts a laissé une trace infiniment petite, qu'une constante répétition a fini par rendre sensible, appréciable, visible, palpable : ainsi, au fond des océans, les débris corailliens agglutinés malgré la force des vagues, se concrètent pour passer du grain isolé à l'atoll brisent la lame, à l'île et au continent.

Telle est, au sein des Races, la marche ascendante de l'esprit civilisateur qui, par des routes différentes, animée de vitesses diverses, converge vers la perfection, pour fusionner un jour, aux radieuses clartés de ce pôle vers lequel vogue sans se décourager le socialisme contemporain.

La questiou Race qui pourra être éliminée en temps importum, occupe donc, à l'heure actuelle, une place importante dans la causalité des délits.

Ordre dynamique. — Education

C'est dans l'ordre dynamique que nous trouvons les leviers les plus puissants qui agissent sur la machine humaine, entraînant des modifications avantageuses ou nuisibles selon le genre de ressorts mis en action.

L'éducation joue un rôle prépondérant, en ce sens qu'elle augmente le degré de lumières, de connaissances de l'individu, et, par suite, la netteté de perception du bien et du mal ; elle contribue à élever la force des facultés intellectuelles et, par suite, à développer la puissance d'attention, la clarté de discernement, la vivacité de l'imagination.

Aussi bien, à l'éducation on peut rapporter tout ce qui relève des occupations habituelles, dont ont retrouve un effet très marqué dans la fixation des traits communs de caractère aux diverses professions. S'il est constant que les militaires, les ecclésiastiques, les avocats diffèrent entre eux, combien différeront plus encore de nos jeunes générations, les élèves des zaoüyas, médersas et autres collèges si pompeusement et surtout si onéreusement édifiés pour les indigènes !

De l'éducation encore dépend la fermeté de caractère qui roidit contre le malheur, ou plus simplement élève l'esprit au-dessus des questions personnelles pour n'envisager que l'intérêt général.

On connait l'exemple classique de ces jeunes Lacédémoniens qui se laissaient déchirer de verges à l'autel de Diane sans pousser un seul cri, sans donner le moindre signe de souffrance, tellement la crainte de la honte et l'espoir de la gloire, inculquée par l'éducation Spartiate, l'emportait par son empire sur les cuissons de la douleur. Pourrait-on en dire autant de l'éducation indigène qui élève la flatterie, la bassesse, le mensonge et la duplicité au rang des légitimes moyens d'action ?

L'éducation développe les notions d'honneur, fait naître la sympathie, cette participation à la peine ou au plaisir des autres. De là, l'amitié, l'esprit de corps et, par développements successifs, l'esprit de parti. l'esprit public, de patriotisme et au sommet de l'échelle, le socialisme, par l'extension de l'idée à l'entière humanité.

L'éducation musulmane en est encore, on ne peut le nier, à un tel état rudimentaire que les notions d'honneur y sont presque totalement inconnues. Les sectateurs d'Islam font-ils seulement quelque différence entre l'épouse sage et les filles de plaisir tissant, dans leurs boudoirs fleuris, les tentes d'Ashera ? Les femmes, d'un degré au-dessous de l'homme, ne sont faites que pour sa joie. Ils glorifient publiquement les jeunes Eliacin préposés, dans les bains, aux mystères contre nature et, comme autrefois sur l'autel d'*Aphrodite Porné*, on voit les hadjis se livrer, dans les sanctuaires de La Mecque, à de prodigieux débordements. Que comprendront-ils aux délits concernant les mœurs, aux outrages à la pudeur, ces étudiants d'une autre école, pour lesquels le *Kedeschim* ne fut jamais ignominieux ?

Influence des Institutions gouvernementales

Ce n'est pas de la forme de gouvernement dont il s'agit simplement, mais, dans une acception plus générale, de l'assemblage total des personnes chargées des diverses fonctions de l'Etat.

Rébellion offensive ou défensive, diffamation, conspiration, sont les formes les plus fréquentes des délits se rapportant à cet ordre de causalités.

L'influence du Gouvernement sur la situation de trouble ou de paix du pays, est d'importance capitale, essentielle ; elle embrasse tout, excepté les conditions de tempéramment et de race qui pourraient même être considérées comme fonctions dérivées du climat, c'est-à-dire du milieu.

La santé par la police, l'abondance par les impôts, la religion par l'instruction publique, sont des résultats d'ordre gouvernemental. Dépendent encore du Gouvernement : l'organisation de l'éducation, la disposition des emplois, la promulgation des récompenses et des châtiments, toutes choses qui déterminent les qualités physiques et morales du peuple.

Sous un gouvernement de gens probes et d'honneur, les hommes se laisseront plus facilement guider par les nobles mobiles ; ils apercevront les avantages du groupement et de l'intérêt national quand ils discerneront une utilité évidente, tangible, au lieu de n'y trouver que gênes, ennuis, sujets de contrainte, peines et spoliations, car, en dernière analyse, le but suprême de l'homme est la vie ; sa sagesse, comme sa méchanceté, se développent en proportion des facilités ou des difficultés qu'il rencontre dans la réalisation de cet objet.

L'existence des sociétés, comme celle des individus, dépend des aliments mis à leur disposition, et quand ceux-ci deviennent insuffisants, et que la souffrance aiguillonne, alors l'instinct de la conservation pousse les masses aux moyens pratiques les plus expéditifs ; elles se débarrassent des non valeurs, elles suppriment les frelons qui vivent, à leur avis, sans rien faire, ces riches, dans les greniers desquels on trouvera l'abondance ; elles s'insurgent contre ces fils de vainqueurs qui jouissent des fruits de l'ancienne conquête sans avoir même le prestige des vives luttes, l'auréole des combats. Cela est l'inéluctable loi.

Aussi, l'institution juste ou irrationnelle d'un régime économique, fiscal, agricole ou industriel, est-il d'une importance capitale dans la causalité des délits.

Les soulèvements qui ont donné lieu à des luttes terribles, en Algérie aussi bien dans les temps modernes que durant les cinq siècles de l'occupation romaine, ont été dus, plus généralement, à des raisons tirées de vengeances personnelles, à l'exaspération résultant des traitements appliqués qu'aux passions religieuses, ou à des revendications d'indépendance franchement définies. Cependant, il est juste de convenir que s'il faut un terrain préparé, la révolte demande toujours un chef, et que ce dernier abattu, la lutte habituellement cesse.

Un important soulèvement qui offre de singulières analogies avec la situation

actuelle et qui entraina une longue et véritable guerre de sept ans n'eut pas
d'autre origine que les prévarications d'un puissant administrateur. Nous
voulons parler du proconsul FURIUS CAMILLUS et du célèbre TACFARINAS
qui, sous le règne de Tibère. mit la Maurétanie à feu et à sang. Ce Tacfarinas,
déserteur des troupes auxiliaires de la légion III Augusta n'était dans le principe
qu'un simple aventurier, réduit à prendre la forêt et menant au pillage des bandes de vagabonds. De chef de bandits, il devint général d'armée. Comme toute
révolte non étouffée dans le début, le mouvement allait prendre une considérable
proportion. D'abord les Romains ne virent là que de simples escarmouches, de
négligeables incursions de voleurs ; ils ne pensèrent donc pas nécessaire d'interve-
nir énergiquement. Quand ils s'aperçurent que ces rapines devenaient le prélude
d'opérations plus sérieuses, ils se trouvèrent en face d'une organisation réelle qui
battit leurs premières cohortes, et les contraignit à une campagne de sept ans
(17 à 24 E. Chr.) durant laquelle ils n eurent pas toujours le dessus. Cependant,
avant de se lancer dans cette aventure qui coûta la vie à de nombreux et illustres
citoyens romains, les MUSULAMES, dit Tacite, dans ses annales. avaient nettement
exposé à Tibère leurs revendications.

« Nous ne voulons pas faire la guerre pour reconquérir ou défendre notre
» indépendance ; vous n'avez pas devant vous des hordes insoumises qui se
» refusent à tout compromis avec Rome, mais des hommes paisibles qui
» n'entendent pas être exclus à jamais par les nouveaux maîtres du pays, des
» plaines fertiles où ils ont coutume de revenir chaque année à une certaine
» saison pour chercher leur nourriture et faire paître leurs troupeaux. Nous
» sommes entièrement disposés à nous établir dans la province conquise, à nous
» y installer en permanence, à l'abri des armes du puissant peuple romain. »

Tibère, ajoute Tacite, s'écria qu'il rougissait pour lui-même et pour sa patrie,
de ce qu'un déserteur, un brigand, osât traiter d'égal à égal le successeur du
divin Auguste, et sans vouloir examiner davantage la requête des députés de
Tacfarinas, il envoya la légion IX Hispana en Afrique, pour augmenter l'effectif
de l'armée expéditionnaire qu'il fallut désormais opposer aux brigands.

Le même massif Qabyle qui nécessite actuellement la mobilisation d'une
colonne volante fut également le théâtre d'une révolte des QUINQUAGENTANEI —
tribus entre le Wâd Sahel et le Wêd Sébaw — conduits par FARAXEN et poussés
à bout par les persécutions de C. Macrinius Décianus, digne légat de l'empereur
Valérien (258-260). Ici les textes sont encore formels ; l'insurrection a un carac-

tère bien défini : il ne s'agit pas d'incursions de pillards cherchant à forcer les lignes romaines pour butiner et gagner ensuite leurs inaccessibles repaires, mais bien de gens exaspérés par les rigueurs fiscales, et réduits à se révolter ou à périr de misère.

La cupidité de ce GILDON, mis par Rome à la tête de l'Afrique (393) et dont les biens étaient si nombreux, qu'au jour de leur confiscation on fut obligé de créer un fonctionnaire spécial pour s'en occuper : *Comes patrominii Gildoniaci,* — motiva également ces fameux troubles des SATURIANI, brigands, « semblables aux sauterelles qui dévastent les moissons », dit Synésius, qui pillaient les campagnes et emmenaient les cultivateurs en captivité.

L'histoire d'hier est encore celle d'aujourd'hui ; les exemples restent lettre morte.

Il est certain que la conquête a bouleversé jusqu'à ses dernières assises le monde algérien et que les régimes bâtards et variables établis ne pouvaient que maintenir un état de trouble continu. Avant de changer les lois et les usages d'un peuple vaincu, avant d'y transplanter les lois de la nation conquérante, il faut toujours — abstraction faite du point de vue philosophique — résoudre une question de principe, admettre un postulatum comme origine d'administration. Selon que l'on considère le peuple vaincu comme devant rester sous un mode déterminé d'esclavage — qu'il soit nominal ou réel, peu importe — ou qu'on le juge susceptible d'une assimilation future, — aussi faible que puisse être la raison de la progression, — il est certain que la promulgation ou la transplantation des lois chez le peuple dominé, devra ou non tenir compte des institutions existantes et non pas seulement du bon plaisir, des intérêts uniques du vainqueur.

Le premier mode — celui de l'esclavage ou d'une situation similaire, — enrichissait les citoyens de la République Romaine ; il fut particulièrement appliqué de la conquête aux succcesseurs immédiats d'Auguste. Durant toute cette période, les légionnaires n'eurent, avec les habitants de l'Afrique, que des rapports de vainqueurs à vaincus. Les états asiatiques trouvèrent dans cette formule des éléments du luxe proverbial, qui fut également la cause de leur décomposition ; les Espagnols l'appliquèrent au Mexique ; il n'y a pas bien longtemps, il florissait encore dans les Amériques. Là on se préoccupait fort peu de la question sentiment. En 1863, racontent Lœw et Sylvester Mowry, l'Arizone, la Sonora, la Californie, étaient parcourus par des bandes d'indiens réduits à piller, voler, tuer, pour vivre. Les autorités résolues à en terminer définitivement avec eux, décidèrent qu'à partir d'un jour déterminé on aurait le droit d'abattre tout indigène à portée de carabine. Ce procédé n'ayant pas complètement réussi, on organisa, l'année suivante, une véritable chasse contre les Payoutes, et dans « une battue splendide », disent nos auteurs, deux cents individus furent tués, beaucoup d'autres furent forcés de se noyer dans le lac d'Owen, tandis que les magistrats d'Humboldt City enjoignaient aux survivants de vider le comté dans les sept jours, sous peine de mort pour les retardataires.

Les idées françaises ne s'accommoderaient pas de ce genre de colonisation. C'est un moyen d'assurer la sécurité, mais aussi le dépeuplement. *Ulbi solitudinem faciunt pacem appelant*, dit Tacite en parlant du mode romain. Il y a peut-être mieux que cela.

Lorsque l'ange Gabriel préparait Mohammed pour son extraordinaire mission — rapporte la tradition arabe — il lui arracha du cœur une tâche noire qui contenait la semence du mal. Un génie, qu'on ne nomme point, a mis assurément au cœur de France ce germe de sensibilité exquise qui refleurit toujours, à chaque génération nouvelle, depuis l'aurore de la nation, et voilà pourquoi, en dépit des exemples et des incitations de ce qu'on appelle le sens pratique, la générosité, reste la caractéristique de l'âme de notre pays.

Et cependant, tout en voulant traiter les vaincus ainsi que le méritent des hommes, nous en sommes arrivés, par nos réglementations incohérentes, contradictoires, souvent idéales et assurément mal appropriées à leurs conceptions, à faire naître une inimitié, une haine telles qu'on est maintenant en droit de les considérer comme des ennemis irréductibles. Cette situation fâcheuse est éminemment impolitique, quand on songe à la position que pourrait prendre la France dans le monde musulman, à la sécurité qu'elle aurait dans une guerre européenne, si d'autres rapports que ceux qui lient le fouet à la peau de l'esclave pouvaient, par un *modus vivendi* équitable, s'établir définitivement entre les vainqueurs et les vaincus du nord africain.

Dans l'ordre économique, l'administration française a mis la main sur les biens HABBOUS qui constituaient, en quelque sorte, le fonds des pensions pour les invalides et les malheureux, l'assistance et l'instruction. En Qabylie, ce sont les MECHMEL, dont elle s'est emparée, frustrant ainsi les indigents locaux des libéralités cependant imprescriptibles qui leur avaient été régulièrement léguées et vouant par suite à la misère, au vagabondage, et en dernière analyse au brigandage, ces parias qu'une sollicitude fraternelle de compatriotes plus fortunés s'était proposée de soustraire aux rigueurs du sort et aux dangereuses tentations de la faim.

Sans doute l'Administration répondra qu'elle pourvoit à tout par l'hôpital et l'école, mais elle se gardera d'ajouter qu'elle n'y veille guère qu'en apparence, toujours d'une façon restreinte et en tous cas à l'aide de nouvelles charges, par les centimes additionnels de l'impôt arabe.

L'institution des HABBOUS n'était pas seulement profitable aux malheureux pour lesquels elle constituait une sorte de patrimoine — réalisé bien avant ces caisses de retraite pour la vieillesse que les *parlements* des civilisés sont encore à discuter ; — elle avait encore pour résultat non moins appréciable de développer chez la lignée dévolutaire des biens *habbousés*, ces sentiments d'économie de religion testamentaire et de fraternité qui ne sont pas d'une négligeable influence pour le calme des peuples.

En supprimant les HABBOUS, le gouvernement a porté atteinte à la liberté de tester, il a violé les engagements pris, il a dépouillé le pauvre, et par tous ces froissements, semé au fond des cœurs les germes qui, au jour propice, lèvent en éclatante révolte.

Sous le rapport fiscal, et bien que l'argent ne se trouve jamais qu'à l'aide de la contrainte, l'Administration ne s'est aucunement préoccupée d'éviter les pertes, les privations et tous ces maux accessoires inhérents à la perception de l'impôt, et à son régime compliqué ; il est vrai qu'elle n'y a pas plus songé pour l'indigène qu'elle ne la fait pour la masse des Français.

Si l'on ajoute à l'acte déjà désagréable, pénible, ce jargon incompréhensible, ces termes techniques qui servent à voiler les erreurs, ces métaphores de style qui subtituent le mot « retenue » au fait « vol », on comprendra comment une population naïve, jugera que le brigandage est quelque peu similaire des opérations de l'Etat.

Dirons-nous que tous les fonctionnaires n'ont pas toujours été probes ; qu'on en a vu aller, les poches pleines d'or, chez de grands sénéchaux et en sortir considérablement allégés ? Que certain administrateur, sous le coup d'une enquête, fut aperçu implorant sa grâce aux genoux d'un Qabyle ? Ajouterons-nons qu'à cette heure même un puissant indigène, récemment investi d'un grand bachaga dans le Sud, a, en moins de deux ans, extorqué un demi million aux Ouled Yaqoub qu'il administre ? Nous ne surprendrons personne en affirmant que ses concussions ne l'on rendu que plus influent ! Parlerons-nous de l'intrusion juive dans toute les affaires d'Etat, où il y a quelque corruption à tenter, quelque conscience à acheter ? Enumérerons-nous toutes les causes qui ont entrainé la déconsidération du gouvernement et fomenté l'esprit de fronde, développé le levain de rébellion que nous constatons aujourd'hui ? Cela serait évidemment utile si nous n'étions pas tous et depuis longtemps fixés sur la véracité de ces faits.

Dès l'instant que nous colonisions, il devenait nécessaire de mettre la main sur les terres cultivables et même sur les meilleures. Toutefois, puisqu'on ne se propose point de refouler l'élément vaincu, mais au contraire, de l'utiliser, il y va de notre intérêt d'éviter toutes les mesures susceptibles de provoquer l'exaspération, de pousser les malheureux à ces résolutions extrêmes, à cette alternative du crime ou de la mort.

Les climatures algériennes nécessitent un régime agricole basé sur d'autres données que celles de l'Europe ; la chaleur du climat qui engendre la molesse aussi bien chez l'homme que chez l'animal a pour première conséquence une production moindre en général, l'obligation de plus nombreuses jachères et, par suite, la nécessité de plus vastes espaces. Il n'est pas jusqu'aux irrégularités de saison qui viennent imposer la TRANSHUMANCE des cultures, expliquer la vie nomade des agriculteurs indigènes, et, par suite, ce défaut de prévoyance, noyau vide mais fécond générateur de la misère.

Il est vrai que les moyens perfectionnés de l'Europe — instruments et produits chimiques — remédient partiellement à la nocuité de ces causes naturelles et que la civilisation augmente la nourriture, celle-ci développant à son tour les éléments de la civilisation.

Mais il faut bien remarquer que les procédés intensifs ne sont pas à la portée de tous ; que leur application demande tout d'abord un degré d'éducation préalable et des institutions financières qui permettent la mise en marche du train nouveau d'exploitation. Puis, est-on seulement sûr des formules ? Sait-on si leur adaptation sous le ciel algérien ne donnera pas lieu à des déceptions cruelles ? Transplantons, perfectionnons, mais, comme la nature, n'agissons point par saccades « *natura non facit saltus* » et surtout ne dépouillons pas sans avoir disposé une autre vêture, car la spoliation des uns prépare celle des autres et commence le rosaire des crimes.

Religion

Aussi longtemps que les hommes n'auront pas été amenés par l'instruction à un degré supérieur de raisonnement qui les rendra indépendants de toute idée reçue, de toute croyance qui n'aura pas été démontrée, aussi longtemps, les notions de religion resteront le levier le plus puissant, manœuvrant la masse des êtres. Il n'est pas de cause qui ait produit des effets si prompts et plus extraordinaires sur les hommes. Il n'est pas de déterminant ayant à sa disposition des considérants d'une diversité plus étonnante.

Les moyens humains sont, en effet, limités ; l'existence d'un être suprême, invisible, une fois admise, nul ne peut échapper à sa toute puissance.

S'il est des cas où la religion, c'est-à-dire la foi a un juge suprême, marche harmoniquement avec la loi de l'UTILITÉ GÉNÉRALE, ou de satisfaction légitime des tendances, il en est d'autres qui constituent des dogmes pernicieux par des dispositions ou des visées contraires au bien public, des dogmes frivoles, absurdes qui pervertissent la raison.

Alors, pour la gloire de la religion sont accomplis des délits atroces ; en son nom on abrutit le peuple et on persécute les sages ; on remplit les hommes de terreur, ont leur interdit les plaisirs les plus innocents. Dans ces cas il n'y a plus de liberté de conscience à invoquer : les opinions religieuses reconnues nuisibles à la domination du vainqueur, quand celle-ci est dirigée dans le sens de l'utilité générale, de la sécurité publique, doivent être attaquées comme tout autre opinion et s'il est vrai que le glaive et le bûcher ne détruisent pas les erreurs, les propagateurs intéressés des doctrines reconnues funestes, ne doivent pas moins être poursuivis avec rigueur.

Sur ce sujet, la situation de l'Algérie est absolument spéciale. En politique, comme en mécanique, dans les mouvements tangentiels comme dans les mouvements centrifuges, les points limites sont les plus agités. Ils n'est donc pas étonnant que les questions race et religion aient produit en Algérie l'agitation que nous y constatons à cette heure.

Evidemment, en ce qui concerne les indigènes, nous n'avons pas à nous immiscer dans la religion de leurs pères, la religion qui convient à leur esprit, en tant de croyance à un Dieu ; toutefois il n'est pas possible d'admettre une abstention complète en ce qui concerne les compléments de la religion, c'est-à-dire là ou elle confine, dépasse, entre dans le domaine de la législation et de la politique.

Aussi bien, il faudrait établir une différence entre la religion vraie et celle que ses prêtres tendent à établir dans un but d'intérêt et qui, pour être parfois inconscient, n'en est pas moins personnel.

A considérer la masse entière, on peut dire que depuis l'an 1600, l'enthousiasme religieux est éteint chez les mahométants, du moins par le prosélytisme et la conquête, dans le bassin de la Méditerranée. Du reste, les trois religions, catholique, musulmane et réformée sont logées à la même enseigne. Constatons seulement que les anciens principes sont usés ; et que les nouveaux sont à peine formulés ; il y a inter-règne avec toutes les effets de cette situation : inconhérences, inconséquences et agitation désordonnée qui persistera jusqu'à ce que le développement de la raison publique ait produit de nouvelles formules d'une généralité plus complète et d'une exactitude plus approchée. C'est la constatation en politique de la grande loi képlérienne de la mécanique céleste : la loi d'inertie. Toutefois cette substitution d'une formule à une autre ne peut se réaliser que lentement et l'histoire démontre que le progrès des peuples est soumis à une loi constamment vérifiée et qui comporte un mouvement continu et alternatif d'intégration et de différenciation, de spécialisation et de généralisation, c'est-à-dire de dispersion et de concentration, d'accélération centrifuge et de centripétence, qui se succèdent à intervalles plus ou moins rapprochés.

L'Islamisme, après avoir été uni en faisceau redoutable, s'est rompu ; il tend aujourd'hui à la concentration.

Au point où nous sommes, est-il un danger pour nous ? une cause de délits ? une raison de l'insécurité ?

Disons tout d'abord que nous envisageons l'Islam, en tant que religion, non pas au point de vue de sa vérité, mais sous le rapport de ses effets politiques et moraux.

La réponse à la question posée doit être affirmative, car l'Islam n'est pas seulement religion, il est en même temps pouvoir théocratique, lequel ne peut se ranger sous la domination d'autres lois.

Religion de fanatisme, de fatalisme et de dédain pour la science, fermant le cerveau à toute recherche rationnelle ; Code ignorant du bien et de la chose publique, pandectes étrangères à toute organisation de liberté et de progrès, il laisse l'être isolé en face de cette tautologie éternelle résumant tout l'esprit islamique, principe d'inactivité et de soumission à une fatalité despotique sans limite : *Dieu est Dieu — La Illah Allah.*

Depuis les Grecs, dont les Alkendi, les Nasser-Eddin, les Alfarabi traduisirent les doctes ouvrages, l'Islam n'a plus voulu faire un pas dans la science. En astronomie il en est toujours à Ptolémée, en géométrie à Euclide, en médecine à Hippocrate, Aristote est tout son bagage pour l'histoire naturelle ; l'algèbre élémentaire de Diophante, l'arithmétique de Kallassadie, ferment le programme de ses sciences exactes auquel il convient cependant d'ajouter les sections coniques d'Apolonnius de Perga. Encore tout cela n'est-il enseigné que dans les quelques rares écoles supérieures de Fez, de Syrie et de l'Inde, sans même qu'il en résulte aucun profit pour l'avancement des peuples mahométans.

Ils sont restés en retard, et ils demeureront en arrière tant que la pierre noire d'El-Mekka fixera l'unique et immuable pôle des fidèles *vrais croyants.*

Théocratie, anarchie, despotisme, tel est le résumé de la politique sémite tirée du Qoran, amalgame de lois politiques, civiles, religieuses et théologiques.

Quand Mohammed eut choisi ses douzes disciples, il leur dit : « Allez et propagez par le glaive » et, de fait, sa mission commença dans le sang par l'ensevelissement vivant, dans une fosse, des sept cents hommes qui s'étaient rendus à lui et à discrétion lors de la prise de la Mecque. Et depuis, tandis que le génie européen se développait par la civilisation, les idées de droit, de liberté, de progrès et de respect des hommes, c'est-à-dire en s'éloignant de plus en plus de la conception sémitique, l'Islam triomphe de la force brutale, procède à son extension par la guerre et la chasse à l'homme. Il se complait dans le mensonge et l'arbitraire alors que la vraie civilisation se développe parallèlement à la sincérité et à la justice, et que notre domination est fondée sur la prédominance intellectuelle et morale. Il nie la fraternité humaine puisqu'une des strictes injonctions du Qoran est de faire la guerre aux infidèles, en déclarant que celui qui sera tué en combattant pour l'Islam sera considéré comme martyr et digne de la plus riche récompense. C'est la religion de l'épée ; c'est la pétrification de la civilisation et du progrès. Ses doctrines engendrent une vie stérile ; il fait des hommes, des tyrans ou des esclaves ; des femmes, des jouets. Il y a donc entre l'Islam et l'esprit Français une opposition absolue et pour le vrai croyant, sujet français, une véritable dualité de pouvoir.

Ainsi que le firent les évêques nationaux, à l'origine de la France, les grands chefs directeurs de l'Islam, jaloux et surtout préoccupés de conserver leur pouvoir théocratique, semblent manœuvrer pour augmenter leur popularité, sur le pavois de certaines causes nationales. Derrière le fer des assassins éventrant le infidèles et les amis des infidèles, ils sont là, debout, montrant l'ordre d'Allah ; à la lueur des torches allumant les incendies qui dévorent nos fermes et nos campagnes, on les voit lançant le mot d'ordre pris à la Mecque ou à Djerboub ; à côté des batteurs d'estrade, des brigands, des révoltés, ils se dressent encore, proclamant la guerre sainte et vouant à la géhennes l'ennemi de la race et de la foi. Et alors, en présence de cette lutte occulte, irrévocable, constante, on en arrive à affirmer qu'il est une condition primordiale, essentielle, pour l'expansion de la civilisation européenne, la vie calme côte à côte : la destruction de la chose sémite par excellence, c'est-à-dire l'anéantissement du pouvoir théocratique de l'Islamisme, en un mot, l'Islam lui-même.

Il ne s'agit pas ici de liberté de conscience violée, ni de foi persécutée, mais uniquement de conservation de conquête, de paix et de sûreté, contre lesquelles conspireront toujours les cléricaux du Croissant.

Nationalité

A toutes les causes qui nous différencient de l'indigène et qui constituent le bilan de sa résistance à nos lois, la condition de peuple vaincu vient ajouter son levain de haine et d'hostilité.

Évidemment, cette situation habilement exploitée par les meneurs de jeu, ambitieux ou patriotes, est de nature à porter de profondes atteintes aussi bien à la sûreté des particuliers qu'à la sûreté de la Colonie.

De tous temps, les mécontents ont prêté la main aux envahisseurs. Les Gaulois, exaspérés par les Romains, appelèrent les étrangers. Les serfs Espagnols pressurés comme la glèbe, se jetèrent dans les bras des Arabes foulant la terre Hibérique ; aux derniers temps de la domination romaine, les berbères rongés par le fisc, cultivant à grand peine, au profit de riches citoyens latins, accueillirent comme libérateurs les conquérants Vandales. Evidemment, nos conquis sont à cette heure, dans une pareille disposition d'esprit. Pour eux, plus que pour tous autres, « la patrie est là où l'on est bien » , et tout, race et religion finit par se fondre dans la réalisation matérielle de cet aphorisme. Il est donc essentiel de faire cesser cet état d'antagonisme et à cet effet, la logique impose de répudier toute mesure radicalement contraire aux tendances du peuple avec lequel nous voudrions vivre en paix.

C'est en se plaçant dans l'axe et dans le prolongement de l'évolution locale qu'il est possible d'exercer une action utile et sérieuse au lieu d'épuiser ses efforts en travail résistant et souvent négatif.

Les Romains firent de la colonisation officielle et du protectorat ; ils parèrent bien les indigènes de noms latins ; ils introduisirent leur régime administratif avec les municipes, leurs écoles, leur Jupiter Optimus Maximus et toute la théorie de leurs statues ; en apparence, ils romanisèrent l'Afrique, mais ils méconnurent le principe des tendances différentes qui nécessitent, pour l'harmonie politique, l'indépendance des génies opposés. C'est pourquoi, après cinq siècles d'occupation, ils furent aussi impuissants qu'au premier jour à entamer ce bloc africain qui les écrasa. Les difficultés que nous trouvons tiennent à une erreur identique. Dans l'orientation de notre politique générale en Afrique, nous n'avons pas tenu compte de la distance angulaire, et voilà pourquoi les conflagrations inévitables sont venues perturber notre occupation.

On ne saurait trop le répéter : les institutions d'un peuple ne sont pas le produit d'une génération spontanée ; elles ne peuvent différer des conditions de la matière humaine — à formule connue ou inconnue — qui ne cesse de façonner et de modifier. On ne peut donc leur substituer impunément tout d'un coup les coutumes d'une nation étrangère, à moins de vouloir transgresser les règles de la logique et de l'équité.

Nous avons établi les éléments de la résistance, cause immédiate des délits ; l'analyse nous a démontré qu'indépendamment des effets d'atavisme, plus fréquents chez les nations en retard, cette résistance puisait ses forces dans les conditions spéciales de milieu, de race, d'éducation, de gouvernement et de religion du peuple considéré.

Voyons maintenant comment on peut neutraliser ces résistances, c'est-à-dire prévenir, arrêter, empêcher et punir les délits.

Cette étude revient à la recherche rationnelle des moyens préventifs et des moyens curatifs, ces derniers établissant la série des peines et des récompenses destinées à frapper, en quelque sorte, la sensibilité humaine, selon la doctrine du Talion.

Moyens préventifs

Le but immédiat des moyens préventifs, est de prévenir la perpétration des délits. Dans l'ordre des délits se rapportant aux causes ataviques, il convient d'attaquer profondément les fibres les plus intimes de l'être, et d'agir fortement sur son imagination. Le moyen pratique, qui ôte d'une façon expéditive aux dangereux individus de cette espèce, le pouvoir de nuire, consiste dans le BANNISSEMENT. Aussi bien, à part les cas de folle bestialité pour lesquels l'envoi aux petites maisons s'impose, ce sera une question de dressage et d'attentive surveillance, tels que : SAISIES D'ARMES, et de tous instruments susceptibles de servir aux délits, VISITES DOMICILIAIRES, ÉTABLISSEMENT DE GARDIENS DE LA PAIX. Malheureusement, ces méthodes sont peu réalisables en pays indigène. Cependant, on pourrait, néanmoins, arriver à produire quelque impression salutaire sur ces délinquants en situation latente, en faisant naître, en leur esprit, l'impossibilité dans laquelle ils seront d'échapper, après le délit commis, aux investigations de la justice. Il suffirait, à cet effet, de faire surveiller les suspects par eux-mêmes ou par ceux qui vivent autour d'eux, selon le principe de la RESPONSABILITÉ MUTUELLE qui, rationnellement appliqué dans les conditions que nous exposerons plus loin, ne mérite aucunement les critiques qu'on lui a trop légèrement appliqué.

Si l'on envisage les délits dérivés des conditions de milieu et d'ordre dynamique, d'autres moyens préventifs accessoires se présentent encore à la pensée.

L'ADMONESTEMENT, dont l'effet dépendra des sujets en présence, mais qui généralement sera sans grande action sur la gent indigène ; — la COMMINATION qui effrayerait utilement si l'individu menacé ne doutait pas que le châtiment ne suivit inévitablement la faute ; or, c'est la probabilité contraire à laquelle il s'arrête généralement ; — le CAUTIONNEMENT, direct ou indirect, est un bon moyen de garantie : un indigène ayant donné des arrhes ne rompra jamais un marché.

Le « SERMENT MORE MUSULMANO » permettra de se fier à l'engagement pris. Les serments jurés dans cette forme sont, en général, religieusement observés, à moins que quelque biais casuistique ne persuade à l'intéressé qu'il en est réellement dégagé. Il est vrai que l'expiation de la violation d'un serment n'est pas autrement rigoureuse : trois jours de jeûne ou bien la nourriture de dix pauvres, nourriture de qualité moyenne, dit le Qoran.

A ces moyens directs de nature objective, il faut ajouter les moyens indirects d'essence suggestive ; nous rangeons parmi eux : la MODIFICATION DU MILIEU par l'assainissement des terres, la reconstitution des forêts, la régularisation des sources ; l'AMÉLIORATION DES CONDITIONS SOCIALES, notamment en ce qui concerne le régime fiscal et la sûreté de la propriété ; l'ÉDUCATION, l'INSTRUCTION, particulièrement l'INSTRUCTION PROFESSIONNELLE, qui tout en dirigeant l'esprit des masses vers des buts plus élevés, augmentent la notion du bien-être et attachent les individus à la vie par la satisfaction de leurs légitimes désirs. Mentionnons encore l'ORGANISATION D'UNE POLICE à l'intérieur, la SIMPLIFICATION DES MOYENS DE PROCÉDURE, et, d'une façon générale, toutes les dispositions qui peuvent faciliter la connaissance des délits — entre autres, en donnant à plusieurs personnes un intérêt immédiat à les prévenir — toutes les résolutions susceptibles de frapper l'imagination par l'impression des peines, la certitude du châtiment, l'impossibilité d'une évasion, la suppression des chances diverses de la procédure et du plaidoyer, par l'abolition du monopole de la défense légale, l'institution de la défense libre, la suppression du jury européen en ce qui concerne les affaires indigènes, le jugement par un seul magistrat.

Il y aurait certainement lieu d'exercer un autre genre d'action sur les mœurs indigènes en exigeant plus d'humanité de leur part à l'égard des animaux. Les prescriptions de la loi Grammont comportent, en quelque sorte, un procédé de culture de la bienveillance, de la douceur, car il est bien certain que la dépravation brutale s'exerce plus facilement sur l'homme quand elle s'est donnée libre cours continue et sans mesure sur les animaux. Evidemment, ce n'est que de l'application du principe de la loi Grammont dont il s'agit et non pas de la loi telle qu'elle a été édictée, car la masse indigène n'en pourrait encore comprendre ni la philosophie, ni la portée ; il n'y verrait, vraisemblablement, qu'un nouvel instrument de tracasseries, de peine et de vol sous le nom emphémique d'amende.

Nous avons signalé plus haut, parmi les moyens utiles pour enlever aux indigènes le pouvoir de nuire, la saisie des armes et autres instruments dangereux. Ce procédé, largement employé de tout temps n'a jamais donné que des résultats illusoires, contraires au but désiré, car les fusils confisqués ont été remplacés par des armes perfectionnées fournies par la contrebande. La poudre qu'on leur refuse ou qu'on ne leur délivre que sur permis sévèrement examinés et, en tout cas, en petite quantité, leur arrive par tonnelets de bonne marque, à tel point que la demi mesure adoptée frustre le trésor français tout en couvrant la contrebande. Pour obtenir un effet utile, il faudrait l'*interdiction absolue de la poudre et des armes*. En définitive, et il n'y a pas si longtemps de cela en France, les domestiques n'avaient pas plus le droit de porter l'épée que la canne et le bâton ; pourquoi ne rétablirait-on pas cet usage à l'endroit des indigènes qui, dans maintes circonstances, tuent avec ces redoutables matraques en olivier ? Incontestablement, l'interdiction serait facile, l'application plus difficultueuse, mais assurément réalisable avec une réorganisation du système administratif et policier.

Certainement on pourrait encore agir comme les Philistins d'autrefois à l'égard des juifs qui étaient obligés de recourir à leurs ennemis Hammites quand ils avaient besoin d'aiguiser leurs hâches et leurs scies.

Il serait facile de désigner par tribut un entreposeur des instruments dangereux ; cela ferait un fonctionnaire de plus, mais en pratique, l'exécution de ces dispositions ne donnerait pas des résultats bien efficaces, car, à défaut d'instruments de taille, le méchant se sert aussi bien d'arme d'estoc.

L'éducation est un excellent moyen indirect de prévenir les délits ; toutefois, c'est un moyen à longue échéance ou du moins à distance de génération ; ses effets sont incontestablement puissants. Ainsi, les archers des Baléares si fameux dans l'histoire ancienne et du moyen-âge, ne devaient l'origine de leurs aptitudes qu'à une question d'éducation, à une réglementation qui, dans le principe, avait certainement dû paraître barbare, puisque les jeunes garçons, dans l'île de Minorque, ne recevaient de nourriture qu'en raison de leur habileté à tirer de l'arc.

. L'instruction n'est pas moins indispensable puisqu'elle donne la notion des délits.

Malheureusement, dans la situation qui nous est faite, les avantages qu'il serait possible de tirer de l'éducation et de l'instruction appliquées à la masse indigène, sont en quelque sorte tenus en échec par la question religion, par l'Islam dont il *faudrait préalablement pouvoir diminuer la force de sanction et modifier la direction dans un sens convenable aux doctrines nouvelles.*

Il est bien certain, en effet, que la vitalité de la foi musulmane en Algérie diminue l'action souveraine du pouvoir gouvernemental de toute la puissance du pouvoir spirituel qu'elle réserve à ses prêtres. A chaque instant, le gouvernement voit ou peut voir son autorité contestée, et bien que le clergé musulman soit essentiellement subordonné au pouvoir politique français. il n'en fait pas moins à sa guise — occultement du moins. – Il ne peut en être différemment, car s'il est exact que les nominations dépendent du prince, l'influence du clergé sur le peuple, dépend de l'interprétation des dogmes et de sa conduite seion l'antique foi. Du reste, à côté du clergé officiel, il y a le clergé indigène, les marabouts dont l'action est autrement puissante. Or, avec ces derniers, ce n'est point par la rigeur qui augmenterait au contraire leur influence que l'on peut agir. La coërcition, la persécution déterminent l'exaltation des sectaires, c'est-à-dire l'effet contraire de celui qu'il s'agit d'obtenir. Il serait donc inutile, imprudent, inhabile, de songer à fermer les Zaouïas sous prétexte de foyers de fronde, de rebellion; il est une autre politique à suivre, politique autrement féconde et qui consiste à changer insensiblement la direction de ces foyers, de façon à modifier leur influence en procédant tantôt sans que la masse s'en doute, pour ne pas ruiner l'intervention favorable du clergé officiel ; tantôt, en étalant au grand jour, l'ignominie et l'imposture de ceux qui se seront vendus. Aussi bien, par le jeu sagement ménagé des intérêts matériels, il est facile d'obtenir dans cet ordre de choses, des résultats d'une importance capitale. Nous citerons un exemple : lors de l'insurection de 1871, les affiliés Ramanhya de Qabylie dont le grand chef, dans cette région était Cheykhr el Hadad, se lancèrent à corps perdu dans la lutte ; les Khrouans du même ordre de la région de Bouaçaada, dociles à la conciliatrice parole du Mokhradem ben Belqacem, chérif des Chorfa de Hamel, s'abstinrent au contraire de s'associer au mouvement. Ce simple fait suffit, il nous semble, sans insister sur plus de détails, pour indiquer tout le parti qu'on peut tirer des chefs religieux indigènes.

Du reste, un mouvement fort curieux se poursuit actuellement dans le monde musulman. Les Snoussiytes qui, de leur retraite de la Cyrénaïque, passent pour diriger une grande partie des fidèles Croyants, s'efforcent de propager la doctrine séparatiste du commandement et du conseil, c'est-à-dire du gouvernement politique et du pouvoir spirituel qui, jusqu'à ce siècle, ont été confondus dans l'orthodoxie musulmane. Tandis que politiquement, ils poussent les diverses agglomérations pratiquant l'Islam à la dispersion, à la formation d'Etats autonomes, religieusement ils opèrent un mouvement de concentration tendant à l'établissement d'une sorte de papauté spirituelle. Il est cependant utile d'ajouter que ce mouvement n'est pas spécial aux Snoussiy. C'est la disposition générale des ordres religieux les plus récents et des Ecoles Métaphysiques de Syrie, d'Arabie et de l'Inde. Il est vrai que cette tendance est plus obscurcie qu'éclairée par la théologie en ce sens qu'elle se produit sous la forme trop absolue de la prépondérance exclusive de l'un des éléments (le théocratique) sur l'autre (le militaire ou le politique). Autrement dit, les réformateurs entendraient maintenir, malgré la séparation des pouvoirs, la subordination de la masse à l'élément religieux, ainsi que cela se passait, au Temps des Grands Prêtres dans la Théocratie Juive.

Si l'on rapproche ces tendances bien accusées, de l'état général des esprits dans le monde indigène et surtout de ce qui s'est produit dans les temps passés, au moment où les nationalités se formèrent, on en arrive à trouver quelque consistance à l'hypothèse d'après laquelle nous serions peut-être en présence d'un véritable mouvement national latent qu'une impulsion déterminante, la déclaration de la guerre sainte, suffirait à transformer en mouvement impétueux.

La certitude d'échapper au châtiment d'un délit commis inspire certainement une crainte salutaire qui est bien le commencement de la sagesse.

Aussi, en matière indigène, est-il absolument nécessaire de proscrire tout ce qui, après jugement rendu, peut faire luire aux condamnés, le moindre espoir d'influences favorables, d'interventions, de pardon.

Le *pouvoir de pardonner est une inconséquence* imaginée par des esprits sensibles chez lesquels le sentiment domine toujours la raison. Si les lois sont mal faites, si elles sont reconnues trop dures, s'il est admis qu'elles aient accompli leur cycle, modifiez les lois ; mais, si elles sont équitables, bien appliquées, proportionnées à la peine, eh bien, appliquez-les, sans jeter un regard en arrière, car alors votre justice, comme la femme de Loth, changée en statue de sel, pourrait devenir chose finie, pétrifiée, morte.

Le chef d'Etat qui pardonne aux indigènes qui assassinent, déblaie les sentiers abrupts des meurtres à venir.

Le prémunissement des délits implique une condition essentielle qui est cependant celle dont on s'est le moins occupé ; nous entendons par cela, la connaissance de la loi portant définition des délits, indication des raisons et des peines y afférentes. Un individu ne peut évidemment se conformer à une loi que si celle-ci lui est connue. Le principe : « nul n'est présumé ignorer la loi » est d'une simplicité trop absurde pour résoudre les difficultés inhérentes au défaut de connaissance ou d'ignorance, de promulgation et de bonne foi, surtout quand les légiférés n'ont pas été mis en état de savoir.

L'ÉCLAT DE LA PROMULGATION, L'UNIVERSALITÉ DE LA DIVULGATION, L'EXPANSION DE LA VULGARISATION, sont d'autant plus nécessaires que l'on s'adresse à un peuple spécial pour lequel tout est nouveau : esprit, texte, tendances, signification. Il lui faudrait toujours la fulguration du mont Sinaï au jour des douze tables.

La loi n'est pas, en effet, innée dans l'esprit des hommes ; mais elle est nécessaire, car elle ramène en un centre des idées éparses. Toutefois, parmi les lois, il en est qui semblent cependant avoir une notoriété naturelle : ainsi celles concernant le meurtre, le vol. Remarquons immédiatement que ces dernières notions ne comportent pas avec elles d'idée nette, simple, corrélative, graduée de répression, non plus celle des délits corollaires, congénères ou générateurs du délit principal.

Nous avons dit, d'autre part, que la sensibilité était la base fondamentale des appréciations délictueuses. Il faut donc que le code appliqué à tout un groupe déterminé, lui soit absolument connu, familier, pour que l'on soit en droit de lui demander compte des faits contraires et mettre en cause sa responsabilité. Certainement, jamais précautions de ce genre n'ont été prises, en pays indigène, à l'égard des indigènes, de telle sorte qu'il n'est pas hasardé d'avancer que la majorité des délits sont dûs à cette simple cause.

La promulgation de la loi ne doit pas consister dans un simple affichage sur des murs où on ne la lira pas, non plus que dans son insertion dans des journaux que les pauvres diables ne recevront jamais. Il faut nécessairement recourir à des moyens plus explicites.

Le livre de la loi devrait être le livre classique obligatoire. Ce que nous demandons là n'est, du reste, que renouvelé de l'antique.

L'étude de la loi était la base de l'éducation chez les hébreux ; et, chez les indigènes, dans les zaouïas, la lecture et la récitation du Qoran sont l'alpha et l'oméga des études musulmanes. N'agissons pas autrement. Prescrivons dans toute école indigène, zaouya, médersa ou autre, l'enseignement sommaire et simplifié de nos lois, et que dans les mosquées on en fasse la lecture expliquée à la suite des chapitres réglementaires du Qoran ; imposons dans touté tablissement public, dans tout endroit fréquenté, l'inscription de la traduction de la loi en idiome indigène, du moins en ce qui concerne certains passages fondamentaux et notamment ceux ayant plus spécialement trait aux délits possibles dans les lieux considérés.

Non seulement les lois doivent être lues, écrites, affichées, répandues, mais il faut encore qu'elles soient expliquées, c'est-à-dire qu'on en donne la raison d'être, de façon à faire bien comprendre qu'elles ne sont aucunement le fait du bon plaisir d'idéologues ou de maniaques, mais bien l'expression de la justice pour tous, la réglementation de l'intérêt commun qui n'est autre que la résultante des bonheurs individuels, réalisables, sans porter atteinte au bonheur d'autrui.

Il ne suffit pas cependant que les lois aient été rédigées, écrites, promulguées, affichées, expliquées. Il est encore et surtout nécessaire qu'elles soient adaptées à conception spéciale des êtres qui doivent les subir, sans quoi, évidemment, la promulgation de telles lois deviendrait l'abondante source d'une série de nouveaux délits : c'est le THÈME DE LA LÉGISLATION SÉPARÉE.

Récompenses

Il en est de l'intelligence de certains peuples comme de celle des enfants, qu'il faut saisir non seulement par la crainte du châtiment, mais aussi par l'espoir des récompenses. La nature varie à l'infini, mais les procédés sont toujours les mêmes, les mouches vont de préférence au miel.

Il faut donc instituer des RÉCOMPENSES non seulement pour les hauts faits à l'occasion desquels les honneurs en rubans ont été particulièrement inventés, mais aussi en faveur de ceux qui manifestent des signes non équivoques de leur conversion à l'idée française et qui nous aident dans la diffusion de la civilisation. Il y a certainement quelque chose d'utile à faire dans cet ordre d'idées et comme contre-partie des peines indélébiles et ignominieuses. Décorations spéciales, titres, majorats, certificats, qaïdats ou aghalifes *in partibus*, tout cela accompagné d'une investiture majestueuse, produirait certainement des effets merveilleux. Aussi bien, le budget n'en supporterait aucune atteinte : il suffirait de constituer à ces divers effets, un fonds spécial qui serait tiré de la masse des délinquants par la vente de leurs biens, par le produit des amendes ou la valeur de leur travail.

Moyens curatifs

Les moyens curatifs comprennent les peines ainsi que les divers procédés ayant pour but de supprimer, d'apporter un terme immédiat aux délits.

En principe, la peine doit être analogue au délit, c'est-à-dire frapper la sensibilité de telle sorte que toute intelligence puisse lier l'idée délit à l'idée châtiment. Il faut, en outre, qu'elle soit proportionnée, exemplaire, réformatrice, suppressive du pouvoir de nuire et satisfactoire à l'endroit de la partie lésée.

La PEINE CAPITALE sera justement appliquée à tout meurtre procédant directement des causes ataviques, de religion, de nationalité. La mort n'est certainement pas nécessaire pour ôter à un assassin le pouvoir de répéter son crime, mais elle peut arrêter ceux qui, poussés par la soif de bien vivre, se voient dès lors, menacés dans ce qui leur est plus cher. On évitera toutefois de la prévoir pour les cas exceptionnels où il ne reste pas d'autre alternative, en face d'une peine disproportionnée, que le pardon ou un jugement irrationnel, solutions qui introduisent l'arbitraire là où la raison devrait seule régner.

Les peines afflictives — en entendant par là celles qui consistent en douleurs corporelles — d'effet temporaire, ont à peu près disparu du Code français.

Cependant la PEINE DU FOUET, en particulier, répondrait remarquablement comme réciprocité à certaines dispositions de l'esprit indigène et notamment à ces traitements barbares ou moqueurs qu'ils ne manquent pas de faire subir aux nôtres quand ils en trouvent l'occasion.

La flagellation serait donc économiquement substituée à l'emprisonnement, non seulement en raison des effets salutaires déterminés par la douleur corporelles infligée au délinquant, mais encore par la honte et l'exemple public.

L'application de la peine du fouet donnerait prise sur ces gens sans foi ni loi, pour lesquels la prison est un repos, le pain sec une véritable prébende. Elle agirait, en un mot, par la nature du mal produit, dans la sphère sensationnelle des indigènes délinquants.

Il y aurait lieu de passer en revue les diverses peines corporelles autrefois appliquées, en usage encore, mais par simple tolérance, dans certaines administrations et de se renseigner attentivement sur la nature des effets produits. Vraisemblablement, on trouverait dans cet arsenal, des armes de répression qu'on a eu tort de réformer.

Peines réflexes indélébiles

Il ne convient certainement pas de pousser l'intensité des peines afflictives jusqu'à la mutilation des délinquants, mais sans estropier les malfaiteurs au point d'être obligé de les prendre désormais en charge, il n'est pas inutile de leur infliger, dans certains cas, certaines peines, qui les rendent à tout jamais reconnaissables. Il convient donc de rétablir à l'égard des indigènes, si difficiles à retrouver, si aptes à tromper sur leur état civil, l'emploi des MARQUES APPARENTES qui signalent au public la condition de malfaiteur. Il n'est pas douteux que ce moyen produise des conséquences salutaires, soit directement, soit par effet réflexe.

Dans le même ordre d'idées, nous préconisons tous les procédés infligeant l'ignominie, tel que l'EXPOSITION AU PILORI.

C'est dans le domaine des peines chroniques, sur l'échelle graduée de la prison et du bannissement, que la législation actuelle trouve la panacée des délits

Le BANNISSEMENT produit sur l'imagination indigène une impression profonde ; il est regrettable qu'il ne soit pas davantage employé, non seulement en raison de ce que le pays est ainsi débarrassé de gens et de modèles nuisibles, mais surtout à cause de l'exemple produit et de la crainte inspirée. En prison, les condamnés sont encore sur le sol de la patrie, ils peuvent conserver l'espoir de l'évasion, ils ont la visite des leurs ; le bannissement, c'est la terre inconnue, la séparation définitive.

Aussi bien, on évitera particulièrement de présenter cette déportation comme une transplantation dans un lieu de quiétude, comme une terminaison avantageuse de la période d'emprisonnement, mais, tout au contraire, comme une aggravation de la situation passée.

L'effet de l'EMPRISONNEMENT dépend évidemment du régime auquel les condamnés y sont soumis et son bilan peut être établi par compte d'actif et de passif.

Au passif, la prison est onéreuse ; elle est immorale par le fait de la fainéantise et de la promiscuité ; c'est une école de scélératesse, car dans leur inactivité, les condamnés ne peuvent que deviser de vengeance, de stratagèmes, d'inventions pour le mal. Là se forme un monde nouveau qui jure la haine éternelle à la société qui les a punis et qui, ayant perdu toute crainte, toute honte, ne vit plus que pour le crime.

On placera peut-être à l'actif, l'isolement de l'être néfaste ; on dira que le coupable est mis dans l'impossibilité de nuire ; mais il s'y trouve aussi dans l'impossibilité de se corriger ; il ne sortira de là que plus pervers et pour y rentrer de nouveau, à de rares exceptions près.

Nourris, couchés, libres de se livrer à leur paresse et à toutes leurs lubricités, les indigènes ne voient dans l'emprisonnement qu'une période de fainéantise ; ils se gaudissent d'une telle prébende et, en tout cas, se consolent en répétant : « Inch Allah ! »

Peines pécuniaires

« Où-il n'y a rien », dit l'adage fiscal, « le Roi perd ses droits. »

C'est pourquoi les PEINES PÉCUNIAIRES, généralement fort sensibles, sont le plus souvent d'une prescription inutile dans le public indigène, particulièrement dans la classe habituelle des délinquants.

Appliquées quand il est possible de les réaliser — sans quoi la condamnation prête à la moquerie — elles ne doivent pas dépasser la limite des ressources du coupable, ni jamais le réduire à la misère, car, dès lors, le but serait dépassé et l'on n'aurait fait que rejeter un loqueteux de plus dans la nécessité du crime.

Si l'on examine la situation indigène, si l'on considère les points par lesquels leur sensibilité est plus facilement attaquable, si l'on analyse surtout le mobile le plus fréquent de leurs délits, on acquiert la conviction que c'est principalement à leur paresse qu'il faut attribuer les causes du mal.

Ateliers pénaux

Il paraît donc tout indiqué de les punir par où ils pèchent. C'est ainsi que nous en arrivons à généraliser la peine des CHANTIERS PÉNAUX, beaucoup trop parcimonieusement appliquée et qui devrait être substituée dans la fréquence des applications à la traditionnelle prison. Les graduations dans le temps, l'ignominie, la dureté du travail, la nature de la nourriture, constitueraient l'échelle de gravité dans la condamnation qui, dans le système actuel, n'a qu'un seul tempérament : la durée. Au point de vue moral comme sous les rapports physique, économique et satisfactoire en ce qui concerne la réparation du dommage causé, ce mode paraît réaliser toutes les conditions qu'il est nécessaire de rechercher dans l'effet utile du châtiment.

C'est donc à LA RÉFORME PÉNITENTIAIRE qu'il faut aussi demander un de ces moyens pratiques et surtout immédiatement réalisables, dont la liaison en faisceau permettra de vaincre la résistance indigène au fonctionnement de la sûreté.

Les délits inhérents aux causes : institutions, religion, nationalité, prennent souvent une allure collective ; dans ce cas, il convient donc d'appliquer des répressions de même ordre.

Nous envisagerons seulement deux sujets : la confiscation et la responsabilité mutuelle.

La CONFISCATION ou la mise sous séquestre n'est rationnelle que dans les cas suivants :

1° Lorsqu'on se propose de déporter la personne ou le groupe ;

2' Lorsque l'on n'opère que sur l'excédent des biens constituant le nécessaire de l'existence.

Dans toute autre hypothèse cette mesure est mauvaise car elle ne peut que prolonger les animosités, les vengeances, plonger plus avant dans le vice par excès de souffrance et d'exaspération, rendre, en un mot, impossible tout repentir, tout retour au bien. Incontestablement, il est juste d'ôter aux coupables tout moyen de nuire, mais il devient absolument illogique de ne plus leur laisser d'autre alternative que la misère, la mort ou le crime.

On a largement usé du sequestre et de la confiscation en Algérie. C'est sur ce produit que l'administration a longtemps trouvé ses ressources. Quand le gouvernement avait besoin de fonds, l'insurrection permettait de remplir les caisses et l'on jetait les vaincus au vent, sans se soucier davantage de ce qu'ils allaient devenir. Mais voilà que ce vent a répandu partout le levain de rebellion ; l'insécurité d'aujourd'hui est la consé- quence des fautes d'hier : « ventre affamé n'a plus d'oreilles ».

Responsabilité mutuelle

La rigueur des lois doit toujours tenir compte, dans la détermination de la peine, des difficultés qui s'opposent à la constatation des délits, des empêchements qui entravent la main-mise sur les délinquants. Lorsque les délits ne peuvent être commis sans la connivence d'autres personnes, lorsqu'ils ne peuvent être perpétrés sans que des individus placés dans une situation déterminée, en aient eu la nouvelle préalable ou la possibilité d'en connaître sinon d'en arrêter les auteurs, il est bien clair que, dans ces cas, il y a complicité au moins morale, Un châtiment collectif est alors le correctif naturel et légitime de cette mutualité de participation au délit accompli.

Dans une telle hypothèse, la loi de la RESPONSABILITÉ MUTUELLE peut se montrer avec tous ses avantages d'effet préventif, suppressif, répressif ou pénal. Empêchez le mal, Qabyles de la forêt éloignés de tout fonctionnaire de l'ordre, dénoncez l'auteur des meurtres, des vols, des incendies qui se sont accomplis sous vos yeux et que vous connaissez, ou souffrez comme complices Dira-t-on que vous êtes dénonciateurs ? Vos coreligionnaires vous couvriront-ils de honte parceque vous aurez trahi quelques-uns des vôtres ? Mais, n'agissez-vous pas ainsi dans l'intérêt supérieur et légitime de votre propre conservation ? et si vos semblables trouvent mal que vous les dénonciez, qu'ils commencent par ne point vous englober dans le châtiment des fautes qu'ils auront commises et aux conséquences desquelles ils sauront se dérober.

Au moyen du système de la responsabilité mutuelle, on peuple la région qu'il s'agit de pacifier, d'autant de gardiens intéressés à l'ordre que d'habitants ; les gens qu'il s'agit de surveiller se gardent mutuellement ; ils collaborent ainsi à la sécurité générale en se constituant les propres inspecteurs du pays, de telle sorte que par le simple avantage que chacun en retire, le bien public est sauvegardé.

C'est par une organisation de ce genre mal connue sous le nom de Sainte Hermandad que Ferdinand le Catholique rétablit en Espagne la sûreté.

La loi de la responsabilité mutuelle a été appliquée de tous temps. Actuellement elle est en pleine vigueur au Maroc ; dans certaines villes, à Fez en particulier, la sûreté est établie sur cette simple base, La ville est divisée en plusieurs quartiers dont on ferme chaque soir les portes, chaque fraction devenant ainsi collectivement responsable des délits commis à l'intérieur de la subdivision.

Toutefois, cet exemple d'application révèle immédiatement le cas où la loi de responsabilité collective devient injuste, arbitraire. Pour répondre à l'état de justice et d'équité, il est nécessaire que la condition de complicité directe ou indirecte soit remplie ; de là, l'obligation de n'opérer que sur de petites fractions, sur des espaces restreints ; étendre le principe à des masses quelconques serait admettre une absurdité, supposer, comme l'exprime un célèbre jurisconsulte anglais que les forêts sont transparentes et que les murs sont de verre.

L'introduction dans la loi du principe de la responsabilité mutuelle entraine naturellement le double régime des dénonciations et des represailles. La peur des vendettes entraverait le fonctionnement du système, s'il n'était pas facile de démontrer qu'une pareille crainte peut-être écartée ou tout au moins compensée. La facilité des represailles est d'abord neutralisée par le nombre des dénonciateurs dont la cohésion empêchera bientôt toute action contraire à la loi. En outre des récompenses, des *indemnités* devront assurer les groupes soumis à cette mesure collective contre les ennuis ou les vengeances auxquels ils pourraient êtres exposés par l'accomplissement de leur devoir civique.

Du reste, le danger que peut courir un dénonciateur ou le mépris que les conventions admises attachent au rôle de délateur, sont facilement éludés par des méthodes élémentaires connues et fréquemment appliquées.

Nous voulons parler des LETTRES ANONYMES, des DÉNONCIATIONS et des TÉMOIGNAGES SECRETS ainsi que de l'ESPIONAGE SUBVENTIONNÉ, tous les renseignements y relatifs, reçus évidemment sous bénéfice de vérification et plutôt à titre d'indice que de preuves testimoniales.

A Venise, la jurisprudence admettait les *informations secrètes*. Des boîtes placées autour du palais de Saint-Marc, et jusque dans la gueule du fameux lion ailé, étaient régulièrement dépouillées par le Conseil des Dix. Ces accusations anonymes rendirent des services signalés et entraînèrent entre autres, la découverte du complot de haute trahison tramé par Marino Falièro et les plébéiens contre la République.

Les témoignages secrets présentent également l'avantage d'obtenir de informations qu'on n'aurait pas connues autrement. Selon que l'objet dénoncé mérite ou non l'attention, on informe ou l'on passe outre.

Après examen, l'informateur peut être appelé pour compléter ou donner des explications sous la foi du serment *more musulmano,* son nom restant toujours caché.

En fait de procédure indigène, ce procédé devient indispensable sous peine de voir toute instruction ruinée par la publicité donnée à l'information et au nom des témoins.

L'abus des informations secrètes ne peut résulter que de l'insuffisance des juges à laquelle il est facile de remédier ; l'usage produira d'excellents effets : ceci doit l'emporter sur cela.

Dès l'instant qu'elle sera établie sur les bases qui viennent d'être indiquées, la RESPONSABILITÉ MUTUELLE sera un moyen absolument équitable, rapide et économique d'assurer la sûreté. Il ne lèsera personne, à moins que ces personnes mêmes ne soient complices. Toutefois, pour la réalisation pratique du système en conformité des principes posés, il sera indispensable d'établir une *délimitation nouvelle* des fractions administratives indigènes, de telle sorte que l'unité d'administration soit adéquate à la responsabilité et à la possibilité de surveillance : question de géomètre plutôt que de procureur.

La responsabilité collective a été exercée en grand et avec succès durant une longue période de l'histoire algérienne. Hâtons-nous de dire qu'à ce moment l'application de ce principe se faisait dans les conditions rationnelles qui ont été exposées ci-dessous. Alors, en effet, on se trouvait en présence de tribus homogènes circonscrites dans un territoire restreint. Depuis, par suite de raisons politiques, les tribus ont été rompues de telle sorte que le douar actuel n'est plus qu'une unité factice formée d'éléments disparates, non solidaires et quelquefois ennemis, conditions qui donnent à la mesure considérée un caractère d'injustice contre lequel on pourrait s'élever avec raison, s'il n'était pas possible de supprimer cette difficulté.

Nous n'ajouterons que pour mémoire, l'indication d'un dernier défaut reproché à ce moyen discuté : on allègue qu'il développera l'esprit de paresse ou d'indifférence des autorités locales qui, assurées désormais d'avoir sous la main un coupable et[1] une satisfaction, se relâcheront dans l'exercice de leurs fonctions. Cette objection « à posteriori » trouve sa seule valeur dans l'insuffisance présumé des fonctionnaires : il appartiendra à l'autorité supérieur d'y veiller.

Les moyens suppressifs confinent aux moyens préventifs : c'est la clinique de la cure.

A ce sujet, tout fonctionnaire, tout législateur devrait avoir constamment à la mémoire l'apalogue de l'astronome et du maître d'école :

> *Tire moi d'abord du danger,*
> *Tu feras après ta harangue.*

L'espoir d'échapper au châtiment est le bouton de déclanchement des délits.

Il faut donc s'organiser de telle sorte que cette chance de salut soit enlevée ; on évitera ainsi bien des crimes.

L'organisation de la responsabilité mutuelle facilite singulièrement l'obtention du but proposé.

Toutefois, même pour obtenir les résultats favorables qui peuvent résulter de cette mesure, il faut d'abord faciliter la captation du coupable, en dehors du cas de flagrant délit, c'est-à-dire sur PRÉSOMPTION SUFFISAMMENT ÉTABLIE. Nul n'ignore combien de délinquants s'échappent pour ne plus être retrouvés, tandis que l'on s'en va quérir le commissaire : il est donc urgent de remédier à cet état de choses et de développer les conditions qui permettront de s'assurer immédiatement de la personne ou des biens du coupable, la rapidité étant la première condition à réaliser.

Evidemment cela semble ouvrir quelque peu la porte à l'arbitraire, mais le bien qu'il résultera de la mesure sera évidemment supérieur au mal qui pourrait en découler. Aussi bien la responsabilité personnelle, sera la meilleure des garanties concernant l'équitable fonctionnement des mesures d'exception.

Les lois sont en rapport direct avec les mœurs.

A une époque antérieure, nous usions en France de procédés devenus aujourd'hui inutiles chez nous, mais qui restent néanmoins indispensables avec les peuples qui n'en sont même pas au degré de civilisation, caractérisant les temps auxquels nous faisions allusion.

Peut-être la rigueur du raisonnement exagerait-elle la démonstration de cette dernière proposition. Qu'on veuille bien la considérer comme un postulatum.

Cette hypothèse étant admise nous estimons que l'on ne devrait pas hésiter à établir chez les indigènes certaines de ces mesures que nos aïeux ont longtemps subies, et qui, pour si vexatoires que nous les trouvions maintenant, n'en assuraient pas moins la sûreté en permettant la main-mise immédiate sur le malfaiteur présumé. Certaine LETTRE DE CACHET faisait plus pour le calme qu'un guet de ingt sergents, qu'une ronde de cent archers. En Angleterre, ce pays où la liberté n'est sans doute pas inscrite sur le frontispice de tous les temples, mais où elle est respectée dans la vie de tout sujet britannique, en Angleterre, il est prévu, dans l'ordre d'idées discuté, un certain nombre de cas où se trouvent suspendues les garanties de l' « *Habeas corpus.* »

Il faut donner au chef de fraction indigène des pouvoirs assez étendus pour qu'il puisse, sur de simples présomptions suffisamment établies, arrêter sous sa responsabilité, tel indigène suspect. Il est surtout nécessaire qu'au jour où il a accompli un tel acte de justice préventive sur un bandit reconnu, tel fonctionnaire jaloux de son autorité ne décerne pas contre lui un mandat d'amener, comme cela s'est passé dernièrement dans la région de Tizi-Ouzou.

L'AUGMENTATION DE LA POLICE s'impose, mais nous avouons préférer à la GENDARMERIE trop étincelante, le système des AGENTS SECRETS.

La modification du mode d'instruction des affaires influera notablement sur la fréquence des délits, car on n'atteindra sûrement les délinquants que lorsqu'on aura introduit dans les codes un mode de célérité et de simplicité absolument nécessaires, quand surtout on en aura éliminé ces garanties de preuves qu'on peut trouver sans doute en pays civilisé, habité, mais qui tournent contre la justice dès qu'on est en région isolée et en présence d'un peuple cherchant toujours, aux dépens de la vérité, à sauver ses coreligionnaires au nom de la solidarité musulmane.

Cette considération nous amène à trouver comme faisant double emploi le juge de paix et l'administrateur. Ce dernier suffirait, pourvu qu'il fut armé comme autrefois les chefs de bureaux arabes, des pouvoirs nécessaires.

Les lois ordinaires se proposent de prévenir, puis de châtier ; nous venons de voir que pour arrêter à temps la perpétration d'un délit, les moyens suppressifs devraient recourir à l'arbitraire. Les mesures régulières deviennent en effet insuffisantes dans certains moments exceptionnels ; il faut donc, pour ces cas urgents légaliser l'arbitaire. C'est l'objet DES LOIS D'EXCEPTION, qui subordonnent le respect de tous les autres droits à l'élimination radicale du danger immédiat.

Dans les époques troublées comme celles que nous traversons, l'application du régime de la LOI MARTIALE paraît donc indiqué. Il ne s'agit évidemment pas de rétablir pour les indigènes des tribunaux sanguinaires, non plus qu'une ère de violence et de brutalité qui serait en absolue discordance avec le génie français ; nous nous proposons seulement d'atteindre le but visé, la sûreté, de la manière la plus efficace, ce qui implique, pour le pouvoir exécutif chargé de la mission, la plus grande latitude et l'entière responsabilité.

Législation séparée

Bien que l'humanité soit une et que tout homme soit affecté par la peine ou par le plaisir, la sensibilité qui diffère d'être à être en intensité, diffère à un plus haut degré quand on compare deux nations, deux races. Il devient donc bien évident que les moyens de prévenir le mal, ce qui est l'objet de la loi, ne peuvent être identiques en tous temps et en tous lieux.

La transplantation des lois d'un pays dans un autre doit donc répondre à certaines conditions aussi bien en ce qui concerne les questions civiles que l'application des peines.

Quand on n'opère point sur table rase, il faut tout d'abord tenir compte des institutions existantes et n'y rien changer que si cela est réellement utile.

Ainsi, les musulmans ne veulent manger que de la viande égorgée : il serait évidemment inutile de leur prescrire à l'abattoir un autre mode de boucherie, bien que certains sentimentalistes prêchent au nom de la protection des animaux.

Dans les choses indifférentes, il semble préférable de ne pas s'en mêler et laisser agir la sanction morale ; la loi contre l'ivresse est donc d'une application inutile en ce qui concerne les fumeurs de kif. Du reste, pour faire admettre tel nouvel usage, il suffira souvent de refuser la sanction de la loi aux coutumes opposées de même nature : tels les mariages devant le Qady qui ne devraient exister pour nous que s'ils ont été également contractés à la mairie.

Mais, plutôt que de forcer, il sera préférable de recourir aux moyens indirects basés sur l'éducation et ses avantages : ainsi l'éducation développant les idées de famille modifiera la théorie musulmane des mariages et les bénéfices — s'il y en a — d'acquérir le titre citoyen français, détermineront, plus que la coercition, la masse, à adopter finalement nos lois.

Il est certain, en tout cas, que la modification des lois ne peut-être faite d'une façon utile que de front avec la modification des mœurs.

Les indigènes, qui ne veulent pas montrer leurs femmes, ne peuvent admettre sans en être fortement et inutilement vexés, les visites domiciliaires de la police. Cela pourra se faire après un changement de mœurs ; à cette heure une insistance pareille produit de véritables mécontentements ; il vaut mieux dans ce cas se servir d'auxiliaires féminins.

Pierre-le-Grand, il est vrai, ne fit pas ainsi : désireux de transformer les Russes en Européens, il commença par les obliger à se faire couper la barbe, à porter des habits courts et la perruque de cour ; il réussit effectivement, mais ce fut au prix de sa vie et du titre de cruel que l'histoire lui a conservé.

Le peuple, en tout pays, est attaché aux lois de ses pères ; quand il est vaincu, il y tient d'autant plus qu'il les considère comme le seul héritage sauvé du naufrage national. Ses notions différentes sur toutes choses, sa conception spéciale de la vie le jettent sans qu'il le sache dans des délits inconscients et le mettent sous le coup de peines réelles de beaucoup inférieures ou supérieures aux peines verbales que le législateur avait eu l'intention de fixer.

Les lois ne sont bonnes qu'à la condition d'être faites pour ceux sinon par ceux qui auront à en profiter ou à en souffrir.

Les Anglais ont si bien compris cet axiome qu'ils définissent exclusivement colonies : toute possession dans laquelle existe une législature particulière. Non seulement le principe de la législation séparée est appliqué aux colonies, mais il s'étend encore aux diverses régions des pays qui ont des « *Common Law* » différents. La législation séparée est, du reste, conforme aux méthodes de la science expérimentale dont les procédés peuvent seuls conduire aux formules simples de la vérité.

Aussi bien, l'expérience de soixante années en Algérie démontre que le droit commun français est inapplicable ; que constamment on se trouve acculé à y pratiquer des brèches quand il s'agit de l'exécution des mesures.

Il suffit de rappeler à ce sujet les modifications apportées au code forestier — le code spécial de l'indigénat — l'organisation des tribunaux musulmans — l'application de la loi musulmane au civil — la législation fiscale musulmane — la législation musulmane (bit el mal) — la formation d'une jurisprudence même dans les matières de droit commun désignée sous le nom de : « droit algérien. »

Cette reconnaissance implicite de la spécialité admise dans les matières ordinaires conduit à admettre *a fortiori* le même principe dans les matières qui intéressent la sécurité des personnes et des biens.

Il résulte donc de ce qui vient d'être exposé, qu'il est nécessaire de soumettre l'agglomération indigène — qui voudra conserver son statut personnel — à une législation distincte dont les bases pourront être prises dans nos lois mais dont la transplantation sera accomplie en tenant compte et des coutumes reçues, et des éléments constitutifs de la race, qui en font à notre époque un monde sensitif à part.

Il est bien entendu, du reste, que les indigènes qui voudront accepter entièrement nos lois, trouveront toujours large ouvert le grand livre des citoyens français.

L'adoption du principe de la législation séparée — pour la masse musulmane en particulier — est en réalité d'autant plus logique et équitable, que nous sommes bien éloignés d'avoir atteint l'idéal en fait de législation. Il suffit de lire les plaidoyers contradictoires, les arrêts opposés des cours pour en déduire que la clarté des textes, la rigueur des raisons, l'équilibre juste des droits et des devoirs ne sont aucunement réalisés. Partout, au contraire, nous voyons ambiguités et contradictions. La convention prend la place de la logique, la fantaisie celle des principes sûrs.

Il serait donc éminemment profitable, puisque l'occasion s'en présente et que l'expérience est facile, de refaire pour les indigènes un appareil législatif qui, basé sur des notions plus rationnelles que les coutumes surannées reçues du droit romain et d'une série de siècles, serait en même temps, d'une appropriation plus simple et plus efficace à l'usage des vaincus du Nord africain.

Conclusions et régime temporaire

Au cours de cette rapide étude, nous avons constaté l'existence et analysé élémentairement les causes de cet état naissant de conflagration qui agite le monde algérien.

Nous avons mis en regard des résistances opposées par l'élément musulman, les forces de la civilisation chrétienne et nous sommes arrivés à conclure que si l'humanité pouvait tendre vers une code universel, il n'en fallait pas moins, à cette heure, à la masse indigène, des moyens appropriés à son génie, à sa conception sociale, à son état d'avancement dans l'ordre des civilisés.

L'application de la LÉGISLATION SÉPARÉE qui choquera sans doute les admirateurs de la centripétence romaine est seule susceptible de produire des résultats pratiques, à la fois durables et féconds ; elle est en outre — garantie inductive — l'adaptation à la politique de la règle sublime qui régit des masses autrement difficiles, autrement compliquées, le grand principe qui préside à l'évolution des mondes et que Galilée a révélé sous la simple formule de l'*indépendance des mouvements simultanés*.

Quoiqu'il en soit, pour faire cesser cet état de trouble, de confusion et d'aigreur qui pour beaucoup tourne à la haine, il importe d'établir sur les bases rationnelles dont quelques détails ont été indiqués au cour de ces pages, l'administration des indigènes, les relations de conquérant à peuple vaincu.

Un tel travail mérite une incubation particulièrement laborieuse et n'est peut-être pas, pour une commission compétente, l'œuvre d'une seule année.

Cependant, la situation est critique et il importe d'agir vite, de rompre immédiatement avec l'ordre des choses actuel produisant d'aussi déplorables effets. Il faut, d'une part, assurer la conquête, en finir avec la pacification, ou du moins si ces expressions semblent trop considérables, en terminer avec ce mouvement de criminalité croissant.

Un pareil résultat semble ne pouvoir être atteint que par l'établissement d'un régime transitoire qui durerait jusqu'à la promulgation d'un nouveau CODE DE L'INDIGÉNAT lequel constituerait en un seul bloc tout l'appareil gouvernemental des indigènes. Ajoutons pour ceux qui sont habitués à puiser leurs idées dans les souvenirs de la législation romaine, que c'est ainsi que l'on procéda à Rome, et que fut constitué le gouvernement provisoire des décemvirs, chargé d'élaborer et de promulguer dans un délai de trois années la loi des douze tables, fondement de toute la législation romaine.

Temporairement, une sorte de COUR MARTIALE ou de DÉCEMVIRAT ALGÉRIEN muni des plus larges pouvoirs et dont les procédés pour si rapides, simples, économiques qu'ils puissent être n'en seraient pas moins équitables, prendrait, sous la présidence du Gouverneur général, la direction absolue de la masse indigène aussi bien en territoire civil qu'en territoire militaire, sous la responsabilité individuelle de chacun de ses membres et le contrôle du Parlement érigé pour eux, le cas échéant, en Haute Cour de justice. Ainsi en Angleterre, le Conseil des Indes, juge les gouverneurs et fonctionnaires de l'Empire, ainsi le Sénat à Rome connaissait des actes délictueux reprochés aux proconsuls. Le DECEMVIRAT proposé comprendrait du reste deux sections ayant des attributions distinctes mais toutefois corrélatives. L'une serait chargée spécialement de la gestion provisoire des intérêts du moment, tandis qu'à l'autre serait dévolue la mission d'élaborer un nouveau Code de l'Indigénat, la CHARTE CONSTITUTIONNELLE de l'Algérie indigène.

Aussi bien l'étude de l'occupation romaine doit nous faire singulièrement réfléchir. L'œuvre de Rome poursuivie pendant cinq siècles — 146 av. J.-C., 430 ap. J.-C. — a avorté. Après une si longue période de soumission et de contact constant, malgré les efforts des César et des Septime Sévère, bien qu'il ait été admis aux honneurs de la famille et aux droits de citoyen Romain et même élevé jusqu'au commandement [suprême du pays et à la pourpre impériale (Firmus, Gildon, Maczezeb, Septime Sévère) ; en dépit de tout le luxe, de toute la civilisation et de tous les dieux importés du Latium, l'Africain resta opiniâtrement rebelle, sans avoir rien désappris, rien abandonné, sans avoir rien oublié de sa haine contre l'envahisseur. Quand l'heure propice sonna, il le jeta à la mer ! Là où Rome a achoué, la France succombera-t-elle encore ? Non, assurémentet il n'y a pas lieu de redouter un pareil dénouement, car si d'une part nous avons cinquante mille hommes de troupes là ou Rome, pour une surface supérieure d'un tiers, n'opposait que huit mille légionnaires et dix mille auxiliaires du pays, nous avons d'autre part déjà fait en moins de soixante ans, ce que la République et l'Empire n'avaient pas réalisé en trois siècles. Du reste, nous sommes convaincus qu'il est toujours possible d'arriver à une entente solide sous le palladium des intérêts réciproques. Nous savons maintenant sur quels fondements logiques on pent établir un modus vivendi qui couperait court aux abus, aux revendications, aux fausses doctrines et qui supprimerait du même coup les causes de résistance que nous avons énumérées. L'antinomie qui semblait irréductible disparaitrait nécessairement dès l'instant qu'au régime des lois impropres succèderait celui d'une législation spéciale et rationnelle. L'opposition tombera d'elle-même dès ce jour, les malentendus cesseront et avec eux toutes les causes de divergences, de délits et d'insécurité.

L'action d'une nation sur un autre peuple, dit Fergusson, n'est efficace, durable et pacifique qu'autant qu'elle est conforme aux tendances du peuple considéré. Gravons dans notre cerveau le principe du célèbre moraliste écossais, .mettons en pratique cet aphorisme qui n'a pas été sans contribuer à la grandeur coloniale de l'Angleterre et dès lors nous serons certains de garder à notre patrie, florissante et peu à peu francisée, cette belle terre d'Afrique où Rome n'a su laisser que des arcs de triomphe en ruines.

ALGER, 9 DÉCEMBRE 1893.

M. VIVAREZ.

ALGER. — IMPRIMERIE I.. REMORDET ET Cie, RUE DE LA CASBA, 4.

9 782013 433846